बिखरे पंख

(काव्य संग्रह)

किशन दुबे

दिल्ली-110089

संस्करण : 2020
ISBN : 978-93-89984-31-6

प्रखर गूँज पब्लिकेशन
एच-3/2, सेक्टर-18, रोहिणी, दिल्ली-110089
दूरभाष : 7982710571, 7838505899, 011-27851059

प्रथम संस्करण : 2020
मूल्य : 200/-

© Kishan Dubey

शब्द संयोजन एवं आवरण
प्रखर गूँज

Bikhre Pankh

By : Kishan Dubey

Edited by : Dr. Uma Rani Dubey
Email id : drumaranidubey127@gmail.com
(M) 9588826457, 9309204917

Published by
PRAKHAR GOONJ PUBLICATION

Delhi - 110089

E-mail : prakhargoonj@gmail.com
        sinha.neelu123@gmail.com

011-27851059, 7982710571, 7838505899

किशन दुबे

आपका जन्म १ मार्च सन् १९४२ को फरुखाबाद, उत्तर-प्रदेश में हुआ। बचपन से सन् १९७० तक आप कानपुर में रहे। वहीं आपने १२वीं तक शिक्षा प्राप्त की। सन् १९७१ में फरुखाबाद आ गये, जहां वह जीवन पर्यन्त रहे।

आपका सन् १९७८ में 'टूटते ताजमहल' उपन्यास प्रकाशित हुआ। आप लेखक, कवि के साथ एक कुशल चित्रकार थे। अपने जीवन से कभी शिकायत न करने वाले आप ३ मार्च सन् २०१३ को इस जगत को प्रणाम कर गये।

सन् २०१५ में आपकी एक स्वरबद्ध रचना 'विश्वभूमि की ममता' पुस्तक प्रकाशित हुई।

आँधी-तूफा तुमसे हारे
हार गया जग सारा
अपने साहस से तुम जीते
आज बने ध्रुव तारा।

शत-शत नमन

डॉ. उमा रानी दुबे
विमल दुबे

मेरे शब्द

मैं यह पुस्तक 'बिखरे पंख' परम पूज्य सदगुरु श्री राम सिंह राणा साहब जी के श्री चरणों में समर्पित करती हूँ। उन्हीं की कृपा से मैं पिताजी के भाव-सुमनों को आपके समक्ष ला सकी।

यह एक संघर्षशील व्यक्ति के भाव-सुमन हैं, जो अपनी पीड़ा को अन्दर ही पी जाता है और जीवन के धरातल पर अपने आपको व्यवस्थित बनाये रखता है। जीवन और पीड़ा दोनों में सामंजस्य बनाये रखने के लिए अटूट विश्वास को अपने साथ रखना होता है। पिताजी ने उसे अपने पास रखा और उसी विश्वास को भावों में पिरोया। उनकी इस भाव-गीत-माला में मैं देखती हूँ कि उनकी पीड़ा अपनी पीड़ा तक ही सीमित नहीं है वरन दूसरों की पीड़ा भी उनकी अपनी पीड़ा है। वीर सपूतों के गीत में यह स्पष्ट दिखलाई देता है। देश के प्रति कर्तव्य भी उन्हें याद हैं जो आज के समय बहुत ही प्रासंगिक हैं। वर्षा की छम-छम, बसन्त का आगमन पीड़ा के मध्य आशा का संचार है तो कृष्ण, यशोदा का स्मरण परम सत्य का आभास है। ऐसे विविध रंग-रूप लिए यह गीत-माला आप सभी को पसंद आयेगी। यह मेरा विश्वास है।

डॉ. उमा रानी दुबे

लेखक की कलम से

कवि हम बनने के इच्छुक हैं। कवि शब्द की मूल भाबना जाति, भेद से दूर निष्पक्षता का अभिन्न अंग है। सत्य तो यह है कि स्वयं के प्रति भी उसका निष्पक्ष भाव हो वह अपनी भी आलोचना निष्पक्षता से कर सके और प्रकृति चित्रण व दर्शन इस प्रकार प्रस्तुत करे जो मानव कल्याण हित हो हमारा पथ हमारे इन्हीं विचारों के हृदय से निर्मित है।

साहित्य गद्द या पद्द दोनों ही तरह से प्राणीय भावनाओं को स्पष्ट करने का एक सशक्त, सुन्दर सरल साधन है। साहित्य एक प्रकार की बातचीत ही तो है इससे अधिक समझाने का सरल साधन और हो भी क्या सकता है।

अब आपकी बुद्धि यह प्रश्न करे कि, देखना तो इससे भी अधिक लाभकारी है तो नाटक नौटंकी फिल्म इत्यादि साधन तो असल की नकल भी नहीं कर पाते। अभिनय का वास्तविकता से कोई सम्बन्ध नहीं होता। एक साहित्य सृजन जो व्यापारिक दृष्टि से किया जाता है वो तो अभिनय है। दूसरा साहित्य सृजन 'साहित्य स्वरूप' होता है जिसका आलंबन है पवित्र स्नेह। साहित्यकार एक अनोखी दार्शनिक दृष्टि की तपी मूर्ति, दर्पण सी स्वच्छ, संगमरमर सी ठोस होती है जिसमें निष्पक्षता, न्याय, विश्वधरा के प्रति असीम प्रेम, संवेदना, मानव कल्याण भावना, यह मुख्यतः विशेषताएँ पाई जाती हैं।

एक वैरागी जिसे अपनी प्राण प्रतिष्ठा की कोई आकांक्षा नहीं होती है। ऐसे रास्ते का राही होता है वो बस कहते हुए चलते चला जाता है कि हम जो कुछ कह रहे हैं उसमें- जो, शुभ हो, वह ले लो। यह तो हम भी नहीं जानते कौन सी बात किसे खुशी देगी, और किसे गम।

हमारी तो सभी के प्रति शुभ भावना है।

क्रम तालिका

रंग किशन

रंग किशन घन श्याम वो बादल
हाय राम अब हवा हुये हैं
मानव की संज्ञा क्या मानव
सब के सब अब कफन हुये हैं
रंग किशन----

पंख नोचकर गौरइया के
उड़ना सीख रहे हैं छौने
गौरइया ही रहे अकेली
इक दिन उड़ जायेंगे छौने
हम जिनको छोटा समझे थे
वो शायद अब बड़े हुये हैं
रंग किशन----

अपनों अपनों में सपनों के
महल में बैठा एक भिखारी
अपने सिद्धांतो पर लेटा
रह गया तनहाँ एक पुजारी
खुश है वो, यह सोच के शायद
हम बाकई बेजोड़ हुये हैं
रंग किशन -----

हमने प्यार किया है सबको
धरती का कण कण प्यारा है
लेकिन कोई न समझा हमको
ये भी खेल बहुत प्यारा है
बनते बनते बहुत बने हम
आज मजारे दुआ हुये हैं
रंग किशन----

एक शायर

एक शायर की मासूम जुबाँ
कहती है, सब आबाद रहे
गुलशन -बुलबुल -आजाद रहे
यह नूरे खुदा आबाद रहे
एक शायर ---

हम डूब रहे कोई बात नहीं
मत मुझे बचाओ जाने दो
हम तनहाँ जीने वाले हैं
तूफान जो आते आने दो
हम मौत से रगवत रखते हैं
अब दूजी कोई बात कहाँ
एक शायर---

पत्थर की इबादत की हमने
पत्थर थे बिचारे क्या बोलें
उनकी खामोशी से सीखा
पत्थर से पत्थर हम हो लें
कोई टूट गया पत्थर जो कहीं
तो दर्द उसका महसूस कहाँ
एक शायर ---

जो समय नहीं माना करते
हकदार वहीं जीने के हैं
वैसे तो दुनिया में साथी
सामान सभी बिकने के हैं
हम बिक जाये कोई ले खरीद
ऐसी किसकी औकात कहाँ
एक शायर---

असह वेदना

असह वेदना मूक कल्पना
रुक गई कलम लिखते -लिखते
जो भाग्य विधाता ने है लिखा
थक गई आँख पढ़ते- पढ़ते
असह वेदना---

खुशियों की कब्र पर जला दिया
एक तनहाई के घेरे में
सोचा होगी रात्री समाप्त
देखेंगे सूर्य सवेरे में
पर सूर्योदय ने नई जलन
ला रख दी मेरे आंगन में
अनचाहे आग बढ़ी इतनी
लग गई है मेरे दामन में
है रोम -रोम बेचैनी
रुक गये कदम चलते -चलते
जो भाग्य---

है कुदरत की ये मेहरबानी
इंकार भला कैसे कर दें
जी खोल हँसे कुछ ऐसे हम
सोचा गम के चिराग रो दें

गम की इस सघन दिवाली में
हम खुशियों के चिराग भर दे
कैसे ये सम्भव हो पाये
कोई चाँद अमावस को ला दे
निर्णय में आँखें पथराई
रुक गये हैं हम हँसते -हँसते
जो भाग्य ---

कांटो के रस्ते पर चलते-चलते
सब हाथ छुड़ा बैठे
फिर मिलने का वादा करके
बुत जाने कहाँ सिमिट बैठे
रह गई है अब तो तनहाई
दुनिया के रंगी मेले में
कुछ अपने थे वो सपने सब
देखे हैं ओढ़ कफन बैठे
जिन्दगी थकी न श्वास मिटी
थक गये हम मरते -मरते
जो भाग्य ----

है पुरानी

है पुरानी कहानी तुम्हारी

आप छिपते रहें है सदा ही

है मुहब्बत पुरानी दीवानी

ढूँढ़ती जो रही है सदा ही

रौनके फूल में है झलक आपकी

हँसती शम्माँ में है रोशनी आपकी

हैं हसीं सूरतें आईना आपका

दर्द इन्सां में है, हर झलक आपकी

और कहाँ तक कहें वाह रे वाह खुदा

बिन सहारे टिकी छत, फलक, आपकी

तेरी आँखें बड़ी रौनके नूर हैं

हर सितारे में दिखती झलक आपकी

हर जगह तुमको देखा न, बाज आये तुम

आप छिपते रहे हैं सदा ही

है मुहब्बत पुरानी---

हर इन्सां को बख्शीश जाँ आपकी

है वफा जिसके दिल में दया आपकी

राहते जान दे, है कृपा आपकी

है जो ईमान दिल, वो दुआ आपकी

आपकी क्या कहें आप ही आप हैं

कोई तारीफ है ही नहीं आपकी

कोई खाली पड़ी, कोई मस्जिद भरी
बात आती समझ में नहीं आपकी
तुम मिले हो किसी को किसी को नहीं
ऐसा करते रहे हो सदा ही
है मुहब्बत पुरानी---

कोई पीकर जहर भी पचाया यहाँ
एक मीरा थी सूरत खुदा आपकी
इस इबादत से मुर्दें भी जिन्दा हुये
शम्स तबरेज, सूरत खुदा आपकी
जान अपनी से हमने ये खाई कसम
ये मरे या जिये, रास्ता आपकी
हम गले से मिलेंगे नहीं, जब तलक
कोई राहत न लेंगे कसम आपकी
है कसम ये तुम्हें, तुम न मिलना मुझे
हम तो चलते रहेंगे सदा ही
है मुहब्बत पुरानी---

बदला तो नहीं

बदला तो नहीं कुछ भी लेकिन
बदला लगता कुछ तो लेकिन
कहने में लगता है अजीब
अपना- अपना होता नसीब
एक पत्थर पैरों से कुचले
और एक पत्थर भगवान बना
कहने में लगता ---

अरमान वही-मेहमान वही
लेकिन लगता अंजान सभी
हँसना है वही मिलना है वही
बदली लगती पहचान सभी
कहने में लगता है अजीब
अपना -अपना होता नसीब
एक फूल श्रृंगार करे अर्थी
एक पूजा का सामान बना
बदला तो नहीं---

क्या कह दें अपने बदल गये
या कह दें सपने बदल गये
या जिस दीपक की रक्षा की
उसने ही हाथ ये जला दिये

कहने में लगता है अजीब
अपना -अपना होता नसीब
एक हीरा धूल श्रृंगार करे
एक हीरा गले का हार बना
बदला तो नहीं---

क्या कह दूँ सब हैं फूल यहाँ
कोई चोट पड़े यह ठीक नहीं
बुझते दीपक की लौ से कोई
जल जाये यह तो ठीक नहीं
कहने में लगता है अजीब
अपना-अपना होता नसीब
कोई वीराँ राहों का राही
कोई सिंहासन श्रृंगार बना
बदला तो नहीं---

इन्किलाब अब लाना है

उठो जहाँ के वीर सपूतों इन्किलाब अब लाना है
इस धरती को जनम का बदला कर बलिदान चुकाना है

है जो करोड़ों की जननी वो धरती आज सिसकती है
अपने बेटों के कदमों से लिपट के मिट्टी कहती है
बहू बेटियाँ बिकती है तेरे हाथ शराब छलकती है
दे के जनम ऐसे बेटों को कोख भी मेरी सिसकती है
उठो बढ़ो दुश्मन का अब तो नामो निशाँ मिटाना है
इस धरती को जनम---

हर एक इन्सां बने राम हर नारी झाँसी रानी हो
फूल से कहो शूल बन जाये जान सभी चिंगारी हो
हर एक जगह रंग रण गूँजे झोंपड़ी महल अटारी हो
हर एक जगह बजे रण भेरी चाहे मंदिर मस्जिद हो
जाग उठो ये काले नागों दुश्मन को अब खाना है
इस धरती को जनम ---

दो आवाज बुलन्दी ऐसी जाने फूंको कब्रों में
वो झनकार करो शमशीरें चमके बिजली अम्बों में
हवा से कहो खबर ले जाये गाँव शहर और गलियों में
धरती पे आ जाये जलजला तूफां आये नदियों में
जर्रा जर्रा हो तैयार माँ का कोई कर्ज चुकाना है
इस धरती को जनम ---

गुस्ताखी कई बार हुई इस बार सजा दी जायेगी

दुश्मन और दुश्मनी अब की जड़ से मिटा दी जायेगी

जो टकराया हमने मारा याद दिला दी जायेगी

ये धरती शेरों की धरती है दिखला दी जायेगी

जाग उठो ये सोते शेरों रामराज्य फिर लाना है

इस धरती को जनम का बदला कर बलिदान चुकाना है

उठो जहाँ के वीर सपूतों इन्किलाब अब लाना है।

बहिन की ताजी राखी

बहिन की ताजी राखी लुट गई
लगी महावर ताजी छुट गई
किसी के सीने में फिर धंस गई
जो सीमा पर गोली चल गई
बहिन की ताजी राखी ---

कोई था कुलदीप अकेला
बुझ गया दीपक घर में अँधेरा
बूढ़ी श्वासें मात पिता की
देख सकी न फिर कोई सबेरा
कल की सुहागन को आकर के
विधवापन ने आज ही घेरा,
बच्चे हुये अनाथ बहुत से
लाखों का घर काग बसेरा
कोई कहानी लो फिर लुट गई
कोई जवानी लो फिर छुट गई
किसी के सीने में फिर धंस गई
जो सीमा पर गोली चल गई
बहिन की ताजी राखी---

घायल वीर को याद प्रिया की
गर आई तो हो गई घायल

कैसे उड़े खुलकर मन पक्षी

हुई बिचारे की पाँखे घायल

पलकों पर खून जम गया

आँख का आँसू हो गया घायल

घायल ओंठ पे हँसी की थिरकन

देख बिचारी मौत भी घायल

लाज की कोई लाली लुट गई

हाथ की कोई मेंहदी छुट गई

किसी के सीने में फिर धंस गई

जो सीमा पर गोली चल गई

बहिन की ताजी राखी---

ये बरबादी का विकट तमाशा

किसने किया है कौन बताये

हर आँखो की छिनी रोशनी

कौन किसे रस्ता बतलाये,

बन्दों की यह दशा देख

जब बन्दे नहीं सहन कर पाये,

फिर बन्दों का खुदा वो कैसा,

देख दशा जो सहन कर जाये,

हिंसा से फिर अहिंसा लुट गई

और दया दिल से फिर छुट गई

किसी के सीने में फिर धंस गई

जो सीमा पर गोली चल गई

बहिन की ताजी राखी---

आज सामने आके खुदा क्यों

कहता नहीं बन्दों से है ये

जमी भी मेरी, तुम भी मेरे,

जो कुछ है वो सब कुछ मेरा

फिर ये जंगो जलाल क्यों है,

आपस में ये मलाल क्यों है

होश में आ –ओ –ऐ –मेरे बन्दे

तेरा डेरा रैन बसेरा

आज बुतो से निस्वत लुट गई

उनके दिल से दुनिया छुट गई

किसी के सीने में फिर धंस गई

जो सीमा पर गोली चल गई

बहिन की ताजी राखी ---

हम जिन राहों

हम जिन राहों पर चलते हैं,
वो रस्ते हमको प्यारे हैं
दुनिया न माने इससे क्या
हम राहों को बड़े प्यारे हैं
हम जिन राहों ---

तिनका-तिनका सुख क्या लेना
सागर की लहरे क्या गिनना
तूफान हमे बड़े प्यारे हैं
तूफां में मेरे घर अंगना
मरना जीना सब तूफां में
हम तूफां को बड़े प्यारे हैं
हम जिन राहों---

हम हाँ और न से ही परिचित
नहीं कोई और बात आती
हम प्रेम और नफरत ही जाने
नहीं बीच रास्ता कोई भाती
फूलों से वास्ता क्या अपना
हम कांटों को बड़े प्यारे है
हम जिन राहों---

हम अंधियारे के है राही
सपने मेरे चाँद के प्याले हैं
हम नई सुबह संग बैटेंगे
अपने अंदाज निराले हैं
हम बुझते दियों के हैं सपने
हम तो उनको बड़े प्यारे हैं
हम जिन राहों---

ये रंगे बहारा

ये रंगे बहारा कैसा है
यह मेरा सहारा कैसा है
कहीं पत्थर मोम भी होते हैं
विश्वास हमारा कैसा है
ये रंगे बहारा---

लड़ते-लड़ते तूफानों से
हम थक न सके यह गजब हुआ
बिजली गिरती रही राहों में
हम जल न सके यह अजब हुआ
साहिल भी सनूँ न दे पाया
साहिल ये, हमारा कैसा है
ये रंगे बहारा---

बेदाग शमाँ की महफ़िल में
सुनते तकदीर लिखी जाती
और हम जैसे महापापी की
वहाँ पर तकदीर पढ़ी जाती
महापापी की चाहत राहत
ये अंधा दिल मेरा कैसा है
ये रंगे बहारा---

मदमस्त हवायें चलती हैं
सावन की घटा बरसती है
लेकिन लगता हमको ऐसा
ये सारी दुनिया जलती है
ख्यालातों की गागर सागर (प्याला)
छलका है, यह सब कैसा है
ये रंगे बहारा---

हम रहें न रहें

हम रहें न रहें धरती पर
आवाज हमारी गूँजेगी
टूटी हुई वीणा स्वर लहरी
झंकार हमारी गूँजेगी
हम रहें न रहें---

हम नये रास्ते के राही
कोई कैसे साथी बन जाये
ये दुनिया क्या दुनिया जाने
कहीं फूल भी पत्थर बन पाये
हम धूल विहँसते हीरों को
कोई आँख हमेशा ढूंढ़ेगी
हम रहें न रहें ---

दर्पण ने पी सूरत अपनी
छा गई सफेदी चेहरे पर
चेहरे पर चेहरा देख रहा
क्या फर्क पड़ा है दर्पण पर
हम जैसे हँसने वालों की
खनकार हमेशा गूँजेगी
हम रहें न रहें---

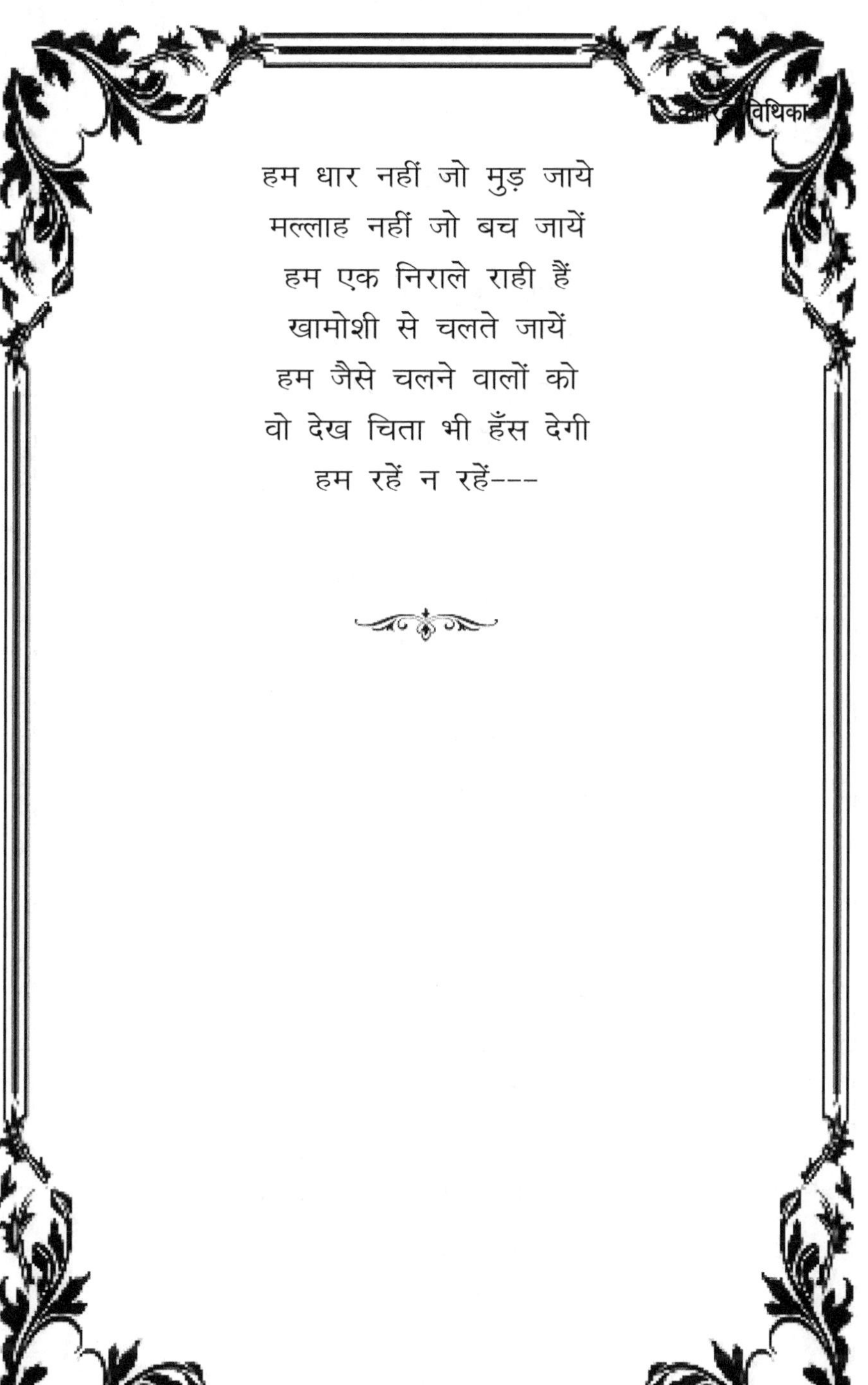

हम धार नहीं जो मुड़ जाये
मल्लाह नहीं जो बच जायें
हम एक निराले राही हैं
खामोशी से चलते जायें
हम जैसे चलने वालों को
वो देख चिता भी हँस देगी
हम रहें न रहें---

कान्हा की

कान्हा की रुनझुन पैंजनियां
यसुदा के बोल हैं याद सभी
हम कह दें क्या स्थिति अपनी
लगता है डांवाडोल सभी
कान्हा की रुनझुन---

दर्पण टूटा आवाज हुई
लोगों ने कहा यही होना था
हमने हँसकर कह दिया दोस्त
अपनी किस्मत में रोना था
दधि ओंठ चुअत कान्हा दतियाँ
यसुदा की गोदी याद सभी
हम कह दें क्या---

पत्थर में तराशी एक मूरत
वो टूट गई अफसोस बहुत
हम अपनी शक्ल देखने की
उसमें गलती कर गये बहुत
जल थाल पकड़ते चाँद बिम्ब
झुंझलाये किशन हैं याद सभी
हम कह दें क्या---

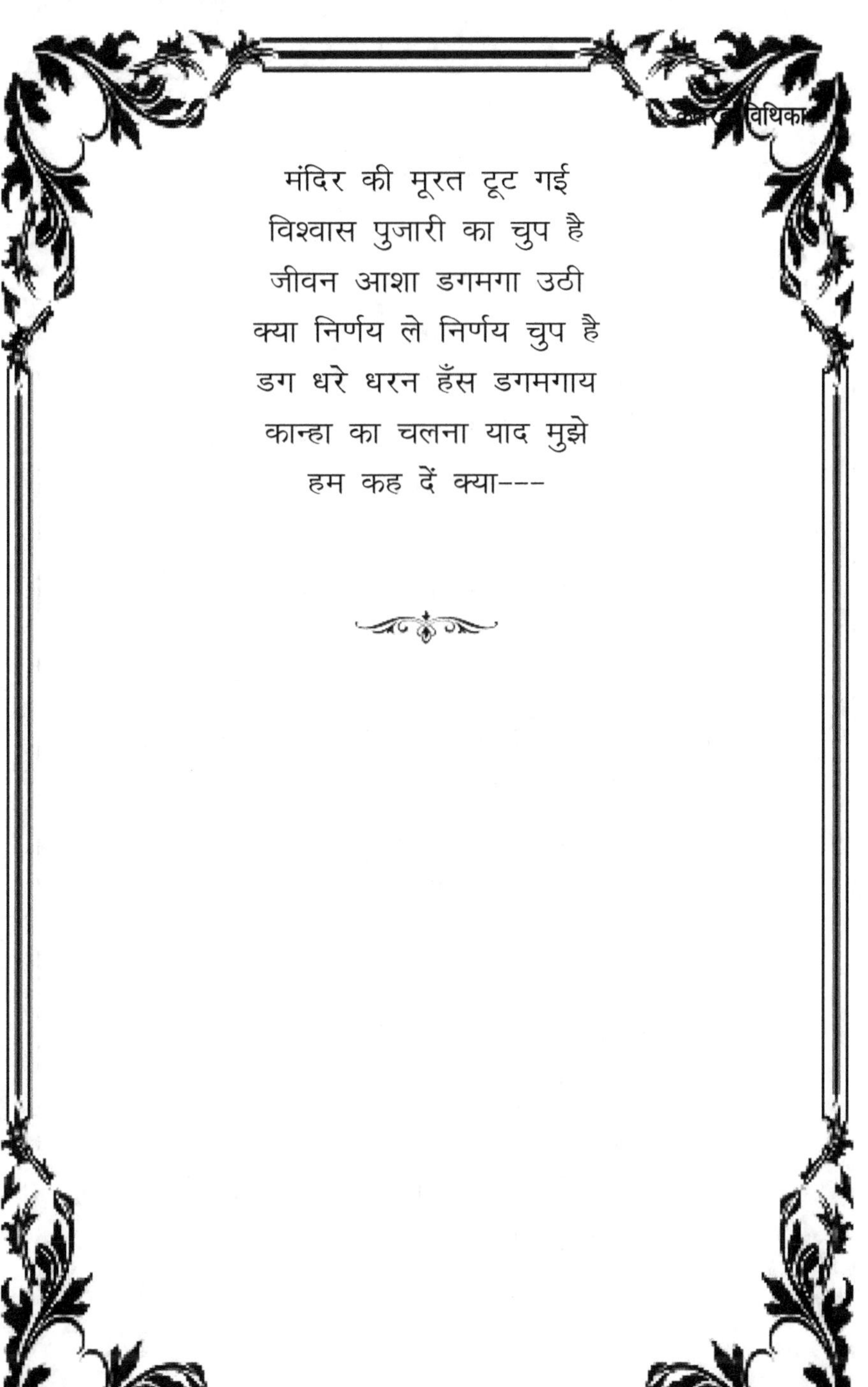

मंदिर की मूरत टूट गई
विश्वास पुजारी का चुप है
जीवन आशा डगमगा उठी
क्या निर्णय ले निर्णय चुप है
डग धरे धरन हँस डगमगाय
कान्हा का चलना याद मुझे
हम कह दें क्या---

बुत परस्ती

बुत परस्ती पड़ी अपने हिस्से में पर
बुत इबादत से करते हैं इंकार क्यों
प्रेम के फूल पूजा में काफी सुने
इसके मंदिर में सिक्कों की झंकार क्यों
बुत परस्ती---

कुछ गरीबों के हाथों से बुत छिन गये
कोई मजबूर हो, कोई खुशी से गये
कोई ले पूछ, किसको है फुर्सत कहाँ
जिनके हाथों से ऐसे खुदा छिन गये
एक अहसास है, रूह का यह सुना
यह भी बिकते हैं, ऐसा है बाजार क्यों
बुत परस्ती---

बा-अदब बुझती शम्माँ से पूछा गया
आप समझीं हैं कुछ तो बता दीजिये
हँस के बोली कि पाने की कोशिश न कर
कुछ भी होता रहे, मत गिला कीजिये
है तेरे नाम की चीज कुछ भी नहीं
क्या गजब है, ये ऐसा है बाजार क्यों
बुत परस्ती---

हँस के मिलते गले जैसे बुत हो मिले

छोड़ ऐसे गये जैसे परछाइयाँ

हमने मंदिर कई ढूँढ़ डाले मगर

हो सकीं न खुदा की मेहरबानियाँ

हम तलाशा किये उम्र भर राजदाँ

ये बदलती हुई बुत की सरकार क्यों

बुत परस्ती ---

इतिहास में हम

इतिहास में हम लिख जायेंगे
अपना इतिहास गवाही है
सहते आये हैं जुल्मों सितम
और सितम की हद तो तबाही है
किस्मत के अन्जान साये में
खुशियों से फेरे पड़ न सके
कुछ मिले तो वो ऐसे हैं गये
कि जाते समय कुछ कह न सके
दुनिया के मयखाने में क्या हम
ओंठ ये मेरे गवाही हैं
सहते आये ---

किस्मत में लिख दी राह फकत
मंजिल का पता वो लिख न सका
कैसे बन जाते किसी के हम
कोई मेरा साथी बन न सका
हम तनहाई के हैं चिराग
और अपने हाथ में स्याही है
सहते आये---

गफलत के मोड़ पे तुम हमको
गर्दिश में समझ कर छोड़ गये

अपने हर हाल में अपने हैं
सपने थे सपने तोड़ गये
हम सपने नये बना लेंगे
कोशिश ये मेरी गवाही है
सहते आये---

तूफाँ से डर के घबड़ा के
हम माफी मांग नहीं सकते
मंदिर की सीढ़िओं के वादे
हम तोड़ें तोड़ नहीं सकते
फैसला करा लो किसी से तुम
मंदिर ये मेरा गवाही है
सहते आये ---

तप त्याग का ताज पहन कर हम
सूरज के तखत पर बैठेंगे
कट जायें बढ़ते हाथ तो क्या
हम चाँद से अब तो खेलेंगे
हम जैसों से इतिहास बना
अपना इतिहास गवाही है
सहते आये---

रंगीन उमर

रंगीन उमर तुझे क्या है खबर
छिन -छिन चादर झीनी होती
वाह रे दुनिया रंगीन डगर
जीवन आशा जग जग सोती
रंगीन उमर---

इक रस्ता है चमक दमक
इक शोखी की बहु लक दक
जिन आँखों में नहीं गहराई
वो समझें न जीवन भर तक
अब होश में आये अब आये
तब तक जान फना होती
रंगीन उमर ---

मंदिर-मस्जिद और शिवालो में भी
भीड़ बड़ी बेढंगी है
ऐ आँखों वाले देख जरा
दुनिया तेरी सौ रंगी है
सपने बेकार बहारों के
सपने की संगत भ्रम होती
रंगीन उमर ---

यहाँ अपने कलेजे खून पियें

हँस हँस बहलायें खूब जियें

कुछ चाक गरेबाँ बैठे है

तर अश्क गरेबाँ चाक सियें

यह जिंदा दिये मजारों के

झिलमिल झिलमिल होती ज्योती

रंगीन उमर---

ओ कान्हा

ओ कान्हा सुनिओ सुन लीजो
तनि ध्यान से मेरी बातन को,
चंदा सूरज दोनों घायल
क्या करेंगे इन दिन रातन को
ओ कान्हा ---

हर उगती किरण रक्तरंजित
गाँवों गलियाँ आतंकित हैं
मंदिर के दियना बोल रहे
पशु पक्षी बहुत सशंकित हैं
डगमग डोलत धरती तेरी
क्या निराकरण इन बातन को
ओ कान्हा---

उल्लुओं ने वीराने छोड़े
बस्तियों में अब तो आ बैठे
बदले हैं मापदण्ड सब ही
सिक्के पूजा में जा बैठे
पूजा की थाली में सिक्के
उपहास है भक्ती फूलन को
ओ कान्हा ---

ज्यादा तर आड़म्बर ओढ़े

राक्षस के राक्षस घूम रहे

मयकदे से मंदिर में आये

पी पी के पुजारी झूम रहे

संदिग्ध भूमिका तेरी है

बरदाश्त करे क्यों ऐसन को

ओ कान्हा---

ये कस्में

ये कस्में ये रस्में ये वादे भी क्या
फकत एक लमहाँ है, बेईमान सा
ये कस्में ये रस्में---

कोई करके इबादत करे मयकशी
कोई हँस हँस के अपनी करे खुदकुशी
किसी के लिए कोई बुत बन गया
किसी को वहीं मौत फरमा गया
कोई कह रहा है, खुदाई भी क्या
गमगीं तमाशा है बेकार सा
ये कस्में ये रस्में ---

ताजो तखत को नबाजे ये दुनिया
धनो दौलतों को तकाजे ये दुनिया
है रफ्तार ऐसी कोई खो गया
कोई धूल में मिल कहीं सो गया
चले छोड़कर तुम तमाशा ये क्या
इंसान ईमान बेकार सा
ये कस्में ये रस्में---

गिर के संभलना अलग बात है
संभल करके चलना अलग बात है

गिर के अगर चाँद कोई पा गया
तो कुछ नहीं, क्या खुदा पा गया
कफन से है इसका सरोकार क्या
है न तमाशा ये बेकार सा
ये कस्में ये रस्में---

एक नूरे

एक नूरे खुदा फकीर बहुत
काबा और काशी क्यों जायें
आमीन ॐ आमेन एक
मथुरा और आवू क्यों जायें
एक नूरे---

कोई चीज समझने की है फकत
पढ़ने से फकत हासिल क्या है
प्रेम नाम श्री राम से हो
बिन तेल दिया बाती क्या है
जिन दियों में तेल नहीं होगा
वो अंधकार में घुट जायें
आमीन ॐ आमेन एक
एक नूरे ---

है याद का मतलब दूर खुदा
एक सीधी बात कि साथ में है
अपनी तो दुनिया वो ही है
हम उनके उनके हाथ में है
इस बात से कोई बात अलग
हम अपनी समझ में क्यों लायें
आमीन ॐ आमेन एक
एक नूरे ---

धर्मों के अलावा बेहतर है।
कर्मों की मीमांसा देखें
गुल खारों से क्या लेना है।
रस्ते को और खुद को देखें
उद्देश्यहीन चलने वाले
नामुमकिन मंजिल पा जायें
आमीन ॐ आमेन एक
एक नूरे ---

कहते हैं लोग उजले दिल तो
पहुँचे हुये देखे जाते हैं
निर्लिप्त दया करते हैं जो
वो महा संत कहलाते हैं
गर ऐसी जगह मिले तो बस
फिर और न कहीं आप जायें
आमीन ॐ आमेन एक
एक नूरे ---

न शायर हैं

न शायर हैं न गीतकार
न कवि न कोई लेखक हम
एक ख्याल हँसी ठहरा है कहीं
हम ठहर गये सब गुजर गया
न शायर हैं---

जो भी गुजरे उस रस्ते से
वो कहते हैं कि चलो चलो
चलना तो जीवन का क्रम है
तुम बैठे क्यों बोलो बोलो
हमने कह दिया कि समझोगे
तो समझो पनघट छूट गया
न शायर हैं---

जब प्यास नहीं तो पनघट क्या
कोई आस नहीं तो साहिल क्या
विश्वास नहीं तो बुत भी क्या
जब होश नहीं तो कुछ भी क्या
वो कहने लगे एक दूजे से
लगता जीवन से रूठ गया
न शायर हैं---

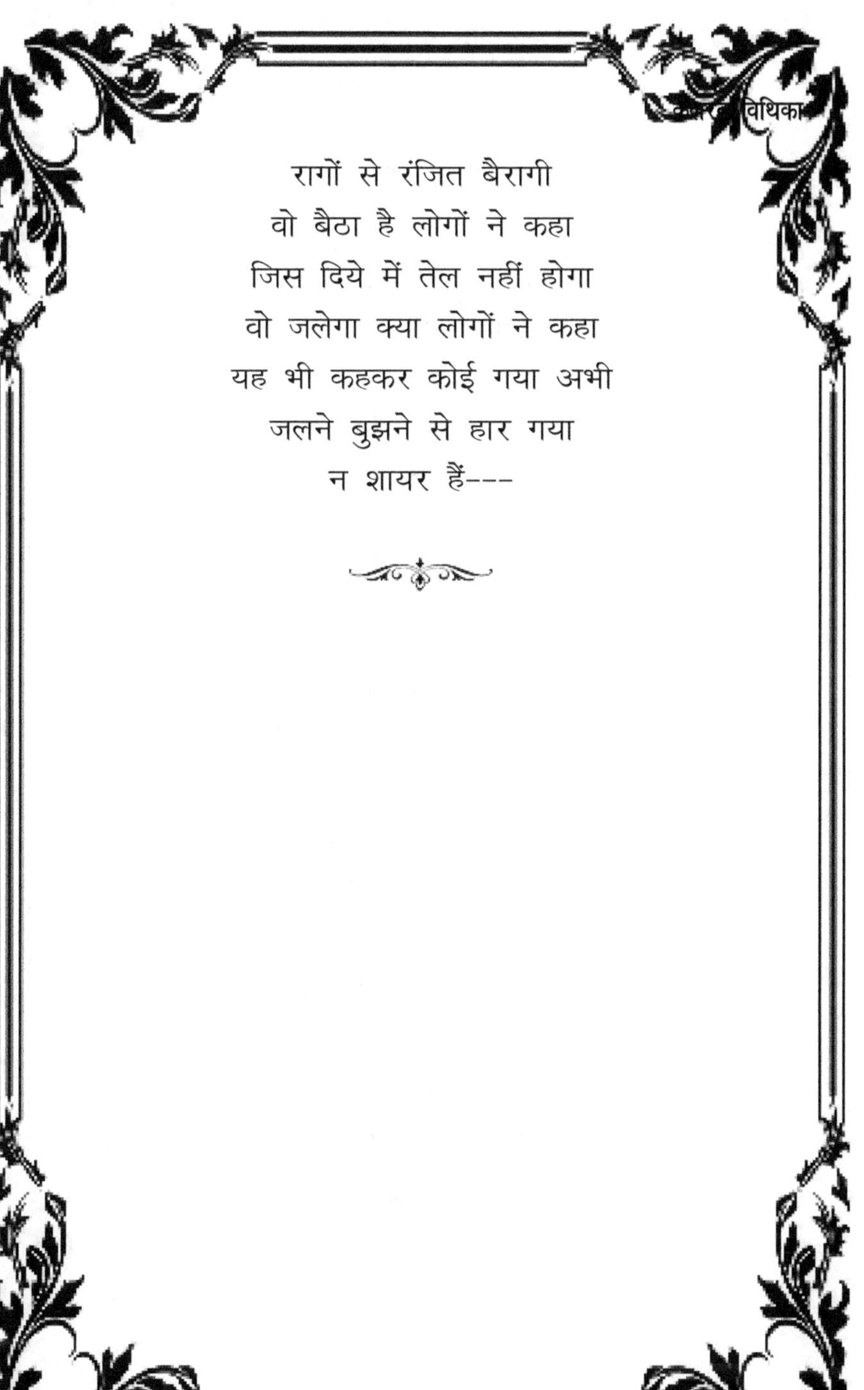

राग़ों से रंजित बैरागी

वो बैठा है लोगों ने कहा

जिस दिये में तेल नहीं होगा

वो जलेगा क्या लोगों ने कहा

यह भी कहकर कोई गया अभी

जलने बुझने से हार गया

न शायर हैं---

हिन्द धरा

हिन्द धरा की किस्मत में
क्या लिखा है यह तो पता नहीं
आसार बताते हैं ऐसे
जंजीरे फिर पहनेगी माँ
हिन्द धरा---

इन भोले भाले ग्रामों पर
फिर खून की वर्षा अब होगी
शिशु मारे जायेंगे गिन गिन
शिशु माता फिर रोती होगी
होगी गुलाम कोई जनता तो
फिर क्या उसकी इज्जत होगी
कोई बहिन न बेटी और न माँ
तेरी कोई क्या अस्मत होगी
हिन्दू गुलाम पर्याय है क्या
यह तो हमको कुछ पता नहीं
आसार बताते हैं ऐसे
हमसे बेटे की कैसी माँ
हिन्द धरा की ---

दीवार गिरी जड़ से तो फिर
ये बात नींव तक जाती है

दीवार से पूछ रहे जो हम
वो बात तो नींव बताती है
खून से लथपथ नीवों पर
ये महल दुमहिले कैसे हैं
है जिसकी गूँज हवाओं में
वो बात भला कहीं छिपती है
होगा सुधार इसका कैसे
इस बारे में मुझे पता नहीं
आसार बताते हैं ऐसे
फिर दुःख में डूबेगी मेरी माँ
हिन्द धरा---

पहचान खो चुके हम अपनी
तुम कौम के कातिल बन बैठे
राहत देने का नारा दे
क्या खूब मसीहा बन बैठे
क्या चलेगा कब तक कैसा ये
सत्यता कहाँ छिप जायेगी
ये तो तलवार दुधारी है
जो लौट गले पर आयेगी
जो बात यहाँ तक आ पहुँची
वो जाये कहाँ तक पता नहीं
आसार बताते हैं ऐसे
बेइज्जत होगी फिर मेरी माँ
हिन्द धरा---

कैसी बैठी

कैसी बैठी चुपचाप सखी
कुछ बोले रे जो समय कटे
घबराय गयो मन भड़कत है
कुछ बात करे तो जी बहके
कैसी बैठी---

सपने पूरे न होत लगें
है इतनी लहर विचारन की
कुअँना खाली हुय जैहै अब
है भीड़ बहुत पनिहारिन की
बुद्धि है सांय बांय बहुत
सूझत न डगर कदम भर की
चुड़ियन को होश नाहिं है जब
का बात करें मनिहारिन की
ऐसो मेरो चोला फंसो सखी
कुछ बात करे जो फन्द कटे
कैसी बैठी---

वो कोने वाली नानी तो
कुछ सोच साच बतलाती है
ऐसो है तेरो हाल लली
तो शनि की साढ़े साती है

कोई कहे कि लागी नजर कहूँ
मेरी शक टोना पर जाती है
बिजली सी धमके छाती में
मेरी छाती जल जल जाती है
कैसे बीमारी दूर होय
कोई बता तरीका घट बढ़के
कैसी बैठी---

गायें डकराती आती वे
खुर धूल उड़े गोधूली जा
हल्के - हल्के काले बादल
सूरज की आँख मिचौली जा
छप्पर छानी से धुआँ उठे
द्वारे बच्चन किलकारी जा
हम तुम संग बैठी हैं छत पर
इससे ज्यादा शुभ बेला का
विधना ने समय दियो सुंदर
पर बुद्धि मरी जा क्यों भटके
कैसी बैठी---

हम झर्र वर्र लागी तबसे
तू मुँह किये बैठी बबुआ सो
है कौन अचम्भा देखो तुम
जो बाय गई मुँह डबुआ सो
किलकारी मार हँसी दूजी

अरे अब नाराज भई तू - तो
हम करिहौं लाख उपाय सखी
तेरो दुक्ख निवारण को
हम जानी अब तू महा दुखी
दिखिहौं कहाँ जइहै दुःख बढ़के
कैसी बैठी---

वर्षा बरसी

वर्षा बरसी, बोली हँसकर
पास आये तो भीग जाओगे
मेरे श्रृंगार पर कहीं नजर डाली तुमने
तो यह दावा कि खुद को भूल जाओगे
पास आये तो भीग---

वन उपवन सभी गुंजार करें झम झम झम
मंच हरियाली का हमने बनाया है ये
धरा के खुश्क ओंठ तृप्त किये हैं हमने
सावन साथ मेरे हँसकर आया है ये
एक संजोग है ये, मिलना और बिछड़ना भी
समझे न तो मझधार डूब जाओगे
पास आये तो भीग---

नृत्य मोरा की झनक, मेरी बूँदों की खनक
झूमती डालियों में रोम रोम है हलचल
दामिन चमके धिसदे-चाँदी नदिया जल
खुशी में झूम झूम गाती, ध्वनि हो कलकल
बहती धारा कहती है आगे बढ़कर
चले जो ऐसे तो मंजिल पा जाओगे
पास आये तो भीग---

पुरवा केश संवारे, मेरे घटा काली

लाली इन्द्र धनुष की, मेरे ओंठन लाली

बगुला पंक्ति पड़ी ग्रीवा माला मेरे

कोयल –चातक-पपीहा की ध्वनि है, क्या आली

चमक निराली है, देख मेरे गहनों की

गौर फरमाया तो होश भूल जाओगे

पास आये तो भीग---

कोई बात बने

हृदय में तो झांकते हो तुम
साकार हो, आ जाओ सामने
तो, कोई बात बने

रात अंधेरी में घबड़ाता है, हृदय जब
तब कोई कह जाता है, अरे, हम साथ हैं तेरे
यह मेरी सत्ता है मत घबड़ाओ तुम
ऐसे न कोई बात बने।

स्नेह दीप जलाते हुये चले आओ
पर्वतों की चोटिओं पर बैठ के गाने गाओ
झूमती डालिओं से सीख लो सामंजस्य तुम
उन्हें गोद में अदृश्य खिलाता है कौन
ध्यान से देखो, तो कोई बात बने।

नदियों की चाल में जो लचक
मादकता, उच्छृंखलता, और
साहस की लौ गति है
वो प्रेरित है कहाँ से
उसे समझने का प्रयत्न करो
तो कोई बात बने।

कलियाँ फूलों की सिर हिला बुलाती
सुनो, आओ तो, देखो, सुगन्ध कैसी है
क्या पसन्द आई, तो कुछ समय,
तुम भी, मेरे साथ भूल लो इस जग को
इस सुगंध का मूल्य कुछ भी नहीं
पर हाँ इस सुगंध का सृजनक
बहुत–बहुत बहुमूल्य होगा
उसे पाने का प्रयत्न करो
तो कोई बात बने।

चाँद तारों में सिमट जाते हो रात में तुम
धरती का वातावरण लोरियाँ सुना के सुला जाता है
सपने आते हैं अनदेखी दुनिया दिखा जाते हैं
जग सिन्धु में बेचैन, अनसमझी,
अनसुलझी, कब, कहाँ, कैसे
जिंदगी की क्रीड़ा क्या?
इसे समझने की बात करो
तो कोई बात बने।

चाँद और कुमुद

खिल रहे कुमुद से पूछा तो
बोला हम तब तारे होंगे
उस जन्म की होगी बात मित्र
जब चंदा को प्यारे होंगे
खिल रहे---

स्मृति कुछ आती जाती सी
कुछ रुको बताऊँ रुक तो लो
यह प्रेम प्रसंग कथा भीनी
भीनी सुगंध बहती ले लो
सोचता हूँ कभी कभी ये भी
हम त्रुटि के घेरे में होंगे
पर शशि ने यह तो कहा न था
कि तुमसे मित्र अलग होंगे
खिल रहे---

ये हिमकण मेरी पंखुड़ियों पर
दुख के आँसू से टिके हुये
वायु भी चलती मंद मंद
हैं जहाँ वहीं पर रुके हुये
और लगता कभी कभी ये भी
चंदा के प्रेम बिंदु होंगे

जो मेरे प्यासे ओंठों को
तृप्ति के लिये दिये होंगे
खिल रहे ---

कुछ अधिक नहीं अब अंतिम ये
मैं विहँस रहा हूँ खिला खिला
वो देखो मेरा शशि ईश्वर
जिस योग्य था मैं, वो मुझे मिला
सब कुछ उसका वो मेरा है
तब नहीं समझते हम होंगे
जब दो तन प्राण एक ही है
तब कैसे कहाँ अलग होंगे
खिल रहे---

श्रृंगार समेटे है

श्रृंगार समेटे है बाला
श्रृंगार लली को गोद लिये
चंचल तन, पग बहु अस्थिरता
कस्तूरी हिये कुरंग पिये
श्रृंगार समेटे---

मन अधर ओंठ चंदा लिपटे
तन सोच शोक व्याकुलता है
आशा खग हाथों में आये
जीवन की यह आकुलता है
व्याकुल हिरना ढूँढ़े वन-वन
हिये कस्तूरी की गंध लिये
आकुलता है बाला तन में
अनगिनितिन मन के प्रश्न लिये
श्रृंगार समेटे---

नव आयु छटा श्रृंगार बेल
बाला तन कोमल खोया है
थक रुका हिरन थककर भागा
कई बार बिचारा रोया है
बाला तन चंचल ठौर कहाँ
जो हिये जलाये शान्ति दिये

बेचैनी हिरना दीप जले
जो फिरती उसको लिये लिये
श्रृंगार समेटे---

हीरक हार श्रृंगार विजय श्री
बाला तन पर छपी हुई
हाथ निराशा न आ जाये
हिरन चौकड़ी रुकी हुई
सपनों के महासागर तट
बाला कागज की नांव लिये
हिरन निरंतर भरे चौकड़ी
हर पग नव उत्साह लिये
श्रृंगार समेटे---

एक दास्ताँ

एक भिखारी हमने देखा
अपनी चादर फटी सिल रहा
कभी-कभी वो हाथ रोककर
फूट-फूट कर दुखी हो रहा
एक भिखारी---

एक बंगले के बाहर बैठा दीवार की टेक लगाये
ईंटों के फुटपाथ पे सिलता तार तार चादर फैलाये
डोरे से यों सुई खींच ली
जैसे आग से जली उंगलियाँ
उठ बैठा बेचैन जिस्म अब
ओढ़ के अपनी फटी चदरिया
जर्जर काया खड़ी सोचती
हे विधना क्या खेल हो रहा
एक भिखारी---

सड़क पार कर रहा भिखारी
कोलाहल पर ध्यान फकत यह
दुर्घटना न होने पाये
और तमाशा न बन जाये
पार गया एक नीम वृक्ष के,
तले खड़ा चुपचाप भिखारी

दुबली काया दुखी दीखती
पर आँखें है नहीं दुखारी
इधर-उधर अब घूम घाम कर
शायद सड़क का शोर सुन रहा
एक भिखारी---

एक दिन उसका बेटा आया
बोला आपने क्या कर डाला
गल्ती मेरी थी अपने को
तुमने प्रतिफल क्यों दे डाला
चादर सिलते रोक भिखारी
बोला ठीक तो हो मेरे बेटे
अब तो सब कुछ खतम हो गया
अब कुछ भी न होने वाला
अर्थी बंध शमशान पहुँच गई
चिता जली और धुआँ उठ रहा
एक भिखारी---

कहकर नहीं, लिपट गया बेटा
मत मुझको यह सजा दीजिये
गोद खिलाया आप ने मुझको
उस ममता को जगह दीजिये
टूट रहा था टूट जाऊँगा
अगर आप न माने तो फिर
नहीं जाऊँगा मैं भी घर को

यहीं पे मुझको जगह दीजिये

ओढ़ चदरिया उठा भिखारी

बेटे संग चुपचाप चल रहा

एक भिखारी---

सावन के

सावन के घुंघरु बांधे हैं
वर्षा ने, नाचेगी वर्षा
ऊसर बंजर और गाँव गली
हर जगह हँसेगी अब वर्षा
सावन के---

धरती के प्यासे ओंठो पर
अमृत बरसायेगी वर्षा
वृक्षों के कुम्हलाये तन को
सहलायेगी अब ये वर्षा
तबले की थाप दामिनी दे
जी खोल के नाचेगी वर्षा
सावन के---

घन गरज, विरह की पीर बढ़े
जैसे शहनाई मंत्र पढ़े
हों, दीप प्रज्जवलित विरहा के
क्या वर्षा दीपक राग पढ़े
इस मेघ मल्हार से लगता है
होकर बेसुध नांची वर्षा
सावन के---

पुरवा उन्माद में झूमझाम
यौवनमई वर्षा जब मचली
बह गये चमन, काँटे उपजे
कहीं बस्ती मरघट में बदली
अत्यधिक खुशी में नाचे जब
मनमानी कर डाले वर्षा

सावन के---

टूट गई डोर

टूट गई डोर, कठ पुतली की राम राम
झूठा है शोर, कठ पुतली की राम राम
टूट गई डोर----

हरे हरे बाँसन मण्डप छाये, द्वारे बंदन बार सजाये
ठुमकी मंगल गीत ढोलकें, शहनाई के साज लुभाये
बीत, गये शोर, कठपुतली की राम राम
टूट गई डोर----

प्यास लिखी है ओंठ हमारे, पनघट क्या करते बेचारे
भटक भटक कर हम तो हारे, कोई कहीं न मिले सहारे
पाँव, बने मोर, कठ पुतली की राम राम
टूट गई डोर ----

बीत गई कुछ याद हमारी, बुत के हम तो रहे पुजारी
यही बहुत मिल पाया हमको, कठ पुतली आखिर बेचारी
दोंनो, करजोर, कठ पुतली की राम राम
टूट गई डोर --------

डार से पत्ता

डार से पत्ता छूट गयो अब

तुमसे कब मिल पै हैं हम

नींद टूट गई सपने टूटे

आँख कहे अब रुयहैं हम

डार से पत्ता---

आग लगे जा आशा मेरी

निष्ठुर नेकहु मानत नांहीं

ऐसे छूटे कबहूँ न मिलिहैं

हम जानत, यह जानत नांहीं

आशा नाशिन मत बहलाये

अब नांहीं जुड़ पै हैं हम

डार से पत्ता---

रात बेगानी, बात बेगानी

दिन बेगाने सब हुय गये अब

शोर भोर को ठीक न लागे

पाँसे पलट गये सब ही अब

दुःख हिस्से में, आय गयो सब

अब नांही हँस पै हैं हम

डार से पत्ता ---

वन-वन डोलत मन पपीहा ये
स्वाति बूँद अब मिलिहै नांहीं
बादर हुयहैं फेरि बरसिहैं
वो वर्षा अब मिलिहै नांहीं
अब न अंधेरे कबहूँ छुटहैं
दियना जार फिरैं चाहे हम
डार से पत्ता ---

तुमसे भी

तुमसे भी गले मिल लें आओ
जाते हैं हम, कल न होंगे
होगा सब कुछ, सब कुछ तो वहीं
इस रस्ते पर हम न होंगे
तुमसे भी गले---

भगवान कसम देखा है सभी
आँखों में लिखा इतिहास सभी
तूफान बहारें बरसा सब
फंसती नैय्या मझधार कभी
कह पाये न अब तक, जो हम
आओ कह दें, वो सब तुमसे
तुमसे भी गले---

बीती भी सुनानी क्या तुमको
जो टूट चुका, जुड़ पाये क्या
कोई बात नहीं ऐसी कहनी
दुःख देके कोई सुख पाये क्या
पत्थर के सनम द्वारे आये
चलो उठ कर मिल लें अब उनसे
तुमसे भी गले---

है गुमाँ कि प्यास बुझेगी कुछ

कुछ तो हसरत मिट जायेगी

आखिरी आरजू अन्त समय

कुछ तो पूरी हो जायेगी

परहीन परिन्दे का उड़ना

तुम ही सोचो, क्या हो कैसे

तुमसे भी गले---

हम भूल गये

हम भूल गये कोई बात कहीं
ऐसी तो कोई बात नहीं
इस कदर खिलौना टूट गया
जो शायद जोड़े जुड़े नहीं
हम भूल गये---

हम कत्ल हुये कोई शोर नहीं
हँस हँस के मिलते लोगों में
शायद कुछ ऐसा होगा ये
कि लिखा था अपने भोगों में
पहुँचाये गये हम उस पथ पर
जो शायद मोड़े मुड़े नहीं
हम भूल गये---

बंद कमल में भौंरा है
अनुभव कैसे बतला दे वो
अस्तित्त्व में कुछ भी रहा नहीं
कोई नाम पता तुम्हें क्या दे वो
उस दर्द खुशी की व्याख्या तो
कर सकें शब्द के आँख नहीं
हम भूल गये---

एक हसरत थी पहिले ऐसी

आबेहयात को पाने की

अब सोच रहे गल्ती पर थे

अब तो हसरत खो जाने की

टूटे फानूस की शम्माँ को

रोशनी की हसरत रही नहीं

हम भूल गये---

हम राग बसंता

हम राग बसंता गायेंगे
हम घी के दिये जलायेंगे
हम ज्योति-कलश बन जायेंगे
अंधियारे पर छलकायेंगे
हम राग बसंता गायेंगे
ए जी जान चुके हम जान चुके
पहचान चुके पहचान चुके
मंदिर मस्जिद मयखाने तक
हर रस्ते कूँचे जान चुके हम जान चुके
बंजर में भी मधुमास जगे
टूटों में भी हैं फूल उगे
वायु के तेवर कहते हैं
फूलों को नाच सिखायेंगे
हम राग बसंता गायेंगे
हम घी दिये जलायेंगे
हम खुशी का घट बन जायेंगे
दुःख दर्दों पर छलकायेंगे
हम राग बसंता गायेंगे
भई भूल गये ----हम भूल गये
अपने सपने पर फूल गये
वीणा के तार तार टूटे
स्वर टूट गये हम टूट गये

भई भूल गये ---- हम भूल गये

पतझड़ के पात को रोना है

कहते हैं ये तो होना है

है कौन कहाँ समझे समझे

इस खुशी में हम मर जायेंगे

हम राग बसंता गायेंगे

हम घी के दिये जलायेंगे

हम हँसी का घट बन जायेंगे

खामोशी पर छलकायेंगे

हम राग बसंता गायेंगे

भाई जाने दो - भाई रहने दो

मुझे छोड़ो भी अब जाने दो

मत पोंछो मेरे आँसू तुम

गर घाव लगे हैं बहने दो

भाई रहने दो--- भाई रहने दो

बेजान हैं सारी आवाजें

जो जान चुके बेजान हैं अब

क्या हुआ उसे क्या होश है कब

अब ओंठ सदा मुस्कायेंगे

हम राग बसंता गायेंगे

हम घी के दिये जलायेंगे

हम पुष्पित घट बन जायेंगे

हर रस्ते पर छलकायेंगे

हम राग बसंता गायेंगे

दिल को हम

दिल को हम बहकाते अपने
वहीं पुराने दिन आयेंगे
दिल कहता बहकाओ मत तुम
गुजर गये क्या वो आयेंगे
दिल को हम---

हमने कहा जीवन आशा है
साहस खोना है नादानी
जब तक दम में दम कायम है
जिंदा मुझसे मेरी कहानी
दिल ने कहा जो गीत गा चुके
नहीं गीत वो रंग लायेंगे
वहीं पुराने दिन---

टूट गया सुर साज तो अब
आवाज बहारों से टकराती
माना कि हम वीराने में
महक फूल की याद में आती
दिल ने कहा ये याद के दीपक
नहीं रोशनी कर पायेंगे
वहीं पुराने दिन---

हमने कहा ये गम ठुकरा दे

वो गम जो वास्ते खुदा हो

हम वो पंछी जिसका उड़ना

हर एक बार में जान फना हो

दिल ने कहा अब टूटी सीमा

पंख पतंगे जल जायेंगे

वहीं पुराने दिन---

गीत लिखूँ

गीत लिखूँ कैसे लिखूँ तुम ही कहो क्या लिख दूँ।
हर तरफ तबाही है सिर्फ एक स्याही है

चेहरों के चौखटों पर दीखती उदासी है
देवी हिंसा है बनी और अहिंसा दासी है
भारत का वासी जाने कहाँ का वासी है
मय खानें पुजने लगे भूल चुके काशी है
कुछ लिख दूँ कैसे लिखूँ तुम ही कहो क्या लिख दूँ
हर तरफ तबाही है सिर्फ एक स्याही है
गीत लिखूँ कैसे लिखूँ---

अजान मस्जिदो में नहीं मंदिरों में वेद नहीं
दुःख के संदेश रहे सुख के संदेश नहीं
सूरत से ठीक मगर सीरत से कुछ भी नहीं
शब्द तो सब सीख लिए अमल कोई बात नहीं
कुछ देखूँ क्या देखूँ तुम ही कहो क्या देखूँ
हर तरफ तबाही है सिर्फ एक स्याही है
गीत लिखूँ कैसे लिखूँ---

बम्ब औ बारूद ने ये चैनो अमन लूटी है
इंसा के हाथों करम डोरी आज छूटी है
किस्मते सुराही खुद हाथों से फूटी है

और हँसी की स्वर लहरी ओंठों से टूटी है
अमन नहीं चैन नहीं किस्मत वद किस्मत है
हर तरफ तबाही है सिर्फ एक स्याही है
गीत लिखूँ कैसे लिखूँ---

नारी आजादी में मर्यादा खो बैठी
और शर्म के नाम से हर डोली आज लुट बैठी
खून का ईमान और माँ ममता खो बैठी
मर तो जिंदगी ये गई बेशर्मी जी बैठी
शर्म नहीं वफा नहीं ईमाँ नहीं कुछ भी नहीं
हर तरफ तबाही है सिर्फ एक स्याही है
गीत लिखूँ कैसे लिखूँ ---

बिकने का रिवाज यहाँ आज बहुत जोर है
हम भी बिके सभी बिके तुम भी बिको शोर है
धर्म बिका आम बात कफन रोज बिकते है
बिकने पर रोते नहीं बस हँसी का शोर है
मान स्वाभिमान नहीं हकीकत में जान नहीं
हर तरफ तबाही है सिर्फ एक स्याही है
गीत लिखूँ कैसे लिखूँ---

रूप कई देखे तबियत न ये बहल पाई
मोड़े कई मोड़े न जिंदगी संवर पाई
सामने से मेरे एक पालकी नजर आई

राम नाम सत्य की ध्वनि पास ही चली आई

कुछ मैं हँसू कैसे हँसू तुम ही कहो क्यों हँस दूँ

हर तरफ तबाही है सिर्फ एक स्याही है

गीत लिखूँ कैसे लिखूँ---

दुनिया बना के

दुनिया बना के क्या, भूल गये तुम
बीच में कुछ क्या, सोच गये तुम
दुनिया बना के---

तभी तो ऐसा रंग तू लाया
किसी ने खोया किसी ने पाया
क्या तेरी तकरीर निराली
कैसा तूने साथ निभाया
हमसा जीने वाला कोई
जाये कहाँ ये, दो, तो, बता तुम
दुनिया बना के---

क्यों न टूट गई वीणा वो
जो हँसकर रोने का स्वर दे
उस खामोशी से, न, अच्छी
जो खामोशी नफरत भर दे
दुआ बददुआ में बदले
बात क्या अच्छी, ये, दो बता तुम
दुनिया बना के---

उमर करे क्या, है बेचारी

इधर उधर की, इसे बीमारी

कहीं जिये और, कहीं रहे ये

क्या बख्शीश, आपकी प्यारी

इतने ताने बाने बुनकर

तुम्हें मिला क्या, ये दो बता तुम

दुनिया बना के---

हम कई जनम से

हम कई जनम से धरती पर
रहे ढूँढ़ ठिकाना मिला नहीं
बुझ जाती सारी प्यास मेरी
मुझे वो, मयखाना मिला नहीं
हम कई जनम---

हर जनम अधूरी प्यास रही
जाने की पार एक आस रही
तम हर दम ही है आस पास
जीवन की कड़ी बकवास रही
हम जी लेते, जी भर के यहाँ
ऐसा वो, जमाना मिला नहीं
हम कई जनम से---

मेरे ख्याल रहे, कुछ और-और
किस्मत के पांसे, और रहे
मंजिल थी कहीं, किसी और जगह
मुझे मिले पते, कुछ और रहे
मुझे मिला जिंदगी का यह सिला
यह सिला तो कोई, सिला नहीं
हम कई जनम---

यह जाँ अन्जानी चीज है बस
जानी, कब जानी, क्या जाने
होगी कोई, बहुत बड़ी शै तो
होगी तो होगी, क्या माने
दिल का दस्तूर ये कहता है
मुझे कोई किसी से गिला नहीं
हम कई जनम से---

काली घटा अच्छी खासी उदास है

काली घटा अच्छी खासी उदास है

हवा का चालो चलन वदहवास है

ना उम्मेदी से जैसे कोई लुट गया हो

चेहरे के ऐसा कुछ आस पास है

जिन खिड़कियों की रोशनी से कूँचे जगमगाते थे

उन खिड़कियों पर आज तो काला लिबास है

इंसान पर ईश्वर सा भरोसा कर ले

ऐसा विश्वास किसके आस पास है

पैदायशी जो शौक साथ शायरी का लाये है

ये वास्ता यकीनन दर्दे लिबास है

चट्टान पर सिर मारते, देखे गये नाजुक से बदन

दर्द का आहसास क्या, पत्थर के पास है

हम गौर तलब ज्यादा, इंसान की हमदर्दी के

यह देख खुदी मुझसे, मेरी उदास है

आइने तो साफ बहुत साफ कहे जाते हैं

पर हकीकत तो नहीं उनके पास है

नाव बचाये रखना

खुदा ने नाखुदा बनाया तुमको जिंदगी का
तूफान तेज है, नाव बचाये रखना।
भौतिकी आलम की भीड़ में न खो जाना
बहुत धोखे हैं, खुद को बचाये रखना।
तुम अपनी किस्मत से पार तो लग जाओगे
फिर भी ईश्वर की याद बनाये रखना।
जिनके पास कुछ होता नहीं, सुनते दुआ होती है
बस यही सोच, मेरी याद भी करते रहना।
यह सोच कर हम साथ हैं, सब साथ हैं हमारे यहाँ
इसी ख्याल में, दिन रात बिताये रहना।
दीपावली में दीपक, सब साथ हँसेंगे हिल मिल
सब साथ में एक दूजे का साथ निबाहे रहना।
शेर अगर कैद हुआ, तो क्या वो शेर नहीं
अपनी आँख में, ये होश बनाये रखना।

लाइने

घर-घर भूख नाचती है, दे दे ताली
ये आजादी हम मान नहीं पायेंगे।
उजड़ी-उजड़ी लगती है हर सूरत ही
ये आबादी हम मान नहीं पायेंगे।
जिसने दौलत को मान खुदा पूज दिया
वो जिन्दा है, हम मान नहीं पायेंगे।
लोग कहते हैं कि वक्त से मत उलझो तुम
ये नामुमकिन, हम मान नहीं पायेंगे।
जान से जायेंगे हम तो अजनबी बनकर
कोई पहचाने, हम मान नहीं पायेंगे।

कूँच ये कातिल में, अपने खून के धब्बे देखे
पर करते क्या उस रास्ते में मंदिर है।
अब होश में आना न आना, अपने बस की बात नहीं
हयात फना हो गई।
हमने उनसे पूछा, सूरत क्या बना रक्खी
वह बोले यही बात, हम से आइने पूछते हैं।
ब-दस्तूर हर रस्म निबाही हमने
बस यही साथ मेरे जिंदगी ने वफा की।
लोग समझ कर भी बखूब टाल देते है
हँसकर बेरहमी के, कफन से ढांक देते हैं।

बाँस की पालकी

बाँस की पालकी होगी मातम के संग
प्यार का आलम रोता रहेगा यहाँ
दोस्त पैदल चलेंगे सभी साथ में
हम जनाजे पे लेटे चले जायेंगे।

विरह शहनाई में होगी रामा की ध्वनि
खास प्रीतम भी देखेंगे डर जायेंगे
वो वफा ये हकीकत ठिकानें सभी
साकी मयखाने भी दोस्त लुट जायेंगें
जब शरीरिक चदरिया जलेगी मेरी
तब कहीं जा के प्रीतम से मिल पायेंगे
बाँस की पालकी---

ये गुलशन हवा ये पुरवैय्या घटा
वो बहारा वो बुलबुल चहकना सभी
ये महिफिल शमा कहीं हँसना मना
जुल्फ छैंय्या घनी जहाँ बैठे कभी
साथ न जायेगा सब रहेगा यहीं
एक मेले से हम ही गुजर जायेंगे
बाँस की पालकी---

कुछ भी कहना है जल्दी से कह सुन तो लो

क्या पता रात को ये शमा न जली

बज रही श्वास की अनवरत बीन जो

क्या पता कल सुबेरे बजी न बजी

सब ही जायेंगे एक दिन इसी राह से

एक हम ही नहीं सब गुजर जायेंगे

बाँस की पालकी होगी मातम के संग

प्यार का आलम रोता रहेगा यहाँ

दोस्त पैदल चलेंगे सभी साथ में

हम जनाजे पे लेटे चले जायेंगे

हम गये जहन्नुम

हम गये जहन्नुम जाने दो
मेरी किस्मत में लिखा यही
मत आना मेरे पीछे तुम
दुःख दर्द नहीं सह पाओगे
हम गये जहन्नुम---

दुनिया टूटेगी सपने सब
दो टूक टूक हो जायेंगे
तेरे साथी संग रह तेरे
संग साथ नहीं दे पायेंगे
फिर मिलने का वादा करके
फिर कभी न मिलने आयेंगे
आंधियाँ तेज होंगी इतनी
सारे तिनके उड़ जायेंगे
तस्वीर टंगी दीवारों पर
मर गये हम, मुझे मरने दो
मत याद करो ज्यादा मुझको
तुम आँसू रोक न पाओगे
मत आना मेरे ---

लोगों के बीच कहोगे तुम
कि उनके इरादे पल न सके

हम भी करते क्या तुम बोलो

वो अपनी जिद से टल न सके

लेकिन हाँ सच है जैसा वो

इंसान था वैसा मुश्किल है

जैसे वो चलते रहे निडर

वैसे तो चलना मुश्किल है

तालियाँ बजेंगी वाह वाह

तुम शोर बहुत करवाओगे

यों डालोगे एक रीत गलत

टूटे पत्थर बन जाओगे

मत आना मेरे---

झूम झनक

झूम झनक झनन, मेरी बात तो, सुन
आइने में सूरत देख तो ले
ये कदम चले, तेरे किस रस्ते
इस बात को थोड़ा देख तो ले
झूम झनक---

ऐसा न हो तू, चाहे कुछ,
कुछ और मिले
तू जैसे रस्ते जायेगा
गीता में लिखा वहीं ठौर मिले
छोड़ घरौंदा गई गौरइया
नव शिशु कैसे क्या, ले चुन
झूम झनक---

शुभ-लाभ का सतिया यह जीवन,
क्या बात रही
ये धोखे का लेना देना हेरा फेरी,
क्या खूब रही
हम खिजाँ का आवाहन करके
कहते क्यों आये न गुलशन
झूम झनक---

हम भूल के नैतिकता आये

और हँसते है, क्या बात रही

हम चाँद पे डोरे डाल रहे

कहते हैं, प्रगति, क्या खूब रही

उड़ गया है पिंजड़े से पंछी

खाली पिंजड़ा एक है, उलझन

झूम झनक---

हम यहाँ

हम यहाँ का चलन नहीं समझे
मिल करके लोग बिछड़ते हैं
हम दीपक बाती ज्योती हैं
बेकार की बाते करते हैं
हम यहाँ---

वो बंशीवट कदम्ब छैइयाँ
सूने हैं यमुना तट सारे
घर अंगना भूत पिशाच नचें
कोलाहल हीन हैं चौबारे
छप्पर छानी पर शूल उगे
सूरज उगते ही चुभते हैं
हम दीपक बाती---

पंछी उड़ान, उदास है अब
वो हिरन चौकड़ी भूल गये
मधुबन में तो हैं फूल वहीं
पहिले सा खिलना भूल गये
अब भूल गये हम स्वयं को ही
अनगिनितिन प्रश्न उभरते हैं
हम दीपक बाती---

हर सूरत धुंधली दिखती है
परदा पड़ गया है आँखों पर
तूफान ही ऐसे आये हैं
आफत आ गई है नावों पर
मल्लाह नजर अब हैरान हैं
रह रह तूफान मचलते हैं
हम दीपक बाती---

गुजर गये हैं

गुजर गये हैं उनके, निशांनात देखिये
क्या क्या हॅसीन जल्वे, कायनात देखिये
गुजर गये---

मंदिर के पास बैठा छलनी लिये है सीना
आँखों से अश्क जारी तौबा है उसका जीना
कोई पूछता नहीं है, क्या बात देखिये
गुजर गये ---

कोई छोड़ बैठा सब कुछ, अल्लाह के नाम पर ही
वो भूल बैठा खुद को, अल्लाह के नाम पर ही
मिट्टी का एक खिलौना भगवान देखिये
गुजर गये---

जाने गये हैं कितने, जल्वा वहीं जहाँ का
एक सत्य पर टिका है, सब झूठा जहाँ यहाँ का
रौनक है कितनी आला, करामात देखिये
गुजर गये ---

वफा के क्या

वफा के क्या, निशाँ अब
दुनिया से मिट रहे हैं
वफा के पसन्दीदा
मायूस हो रहे हैं
वफा के क्या---

आवो हवा में कैसा, बेगानापन घुला है
साये भी रोशनी में डर डर के चल रहे हैं
वफा के क्या---

मंदिर की रोशनी में छाई है बदहवासी
मन्त्रों के अर्थ बदले महसूस हो रहे हैं
वफा के क्या---

कोई साथ है किसी के, या जश्नों शिकन परदा
रह रह के दिल में ऐसे, सवालात उठ रहे हैं
वफा के क्या---

दिले- शिकस्ता

दिले शिकस्ता है बिगड़ी किस्मत
तोहफा कोई कुबूल कर ले
भटक रहा, अजनबी हैं राहें

मंजिल आके कुबूल कर ले
दिले शिकस्ता---
झिलमिलाती है दिल की शम्मा
धुआँ उठ रहा है धीरे-धीरे
सुलग रही है काया अब तो
दर्द बढ़ रहा है धीरे धीरे
किसी को फुर्सत हो गर तो आके
ऐसी शम्मा कुबूल कर ले
दिले शिकस्ता ---

फूल जनाजे के धरती पर
गिरकर कुचल गये पैरों से
वहीं फूल अरमान हमारे
माला गूँथी बहुत प्रेम से
ऐसे फूलों की माला मेरी
मंदिर आके कुबूल कर ले
दिले शिकस्ता---

स्वयं के ही जो गले से लगकर

अपना पीता खून मजे से

रक्त रंगे औंठों से बैठा

बातें करता हँसी खुशी से

लिखा मसीहा है दामन पर

कोई आके यकीन कर ले

दिले शिकस्ता---

हमको तुमने

हमको तुमने ही रोक दिया
वरना हम नया जगत रचते
जहाँ प्यास भी होती पानी भी
प्यासे वहाँ लोग नहीं मरते
यहाँ जाने वाला प्यासा है
यहाँ झूठा दिल औ दिलासा है
यहाँ धोखा बना मदारी है
यहाँ धोखा फकत तमाशा है
क्या बात है आते रोते ही
और रोते ही जाया करते
हमको तुमने ही---

यहाँ प्यार मुहब्बत नातों का
गुलदस्ता खूब सजा तुमने
ताना बुन दिया है मकड़ी सा
मारा इन्सान फँसा तुमने
यह कौन बड़प्पन यार रहा
छोटों को जहर दिया करते
हमको तुमने ही---

जूँ नहीं कान पर रेंगे कुछ
घन्टे घड़ियाल भी सुन सुन कर

तुम्हें क्षीर सिंधु का नशा बहुत

इंसान मर रहा रट रट कर

तुम हो अपार गर हो असीम

खुश होके नहीं बाँटा करते

हमको तुमने ही---

खुदा को खुद नहीं फुरसत

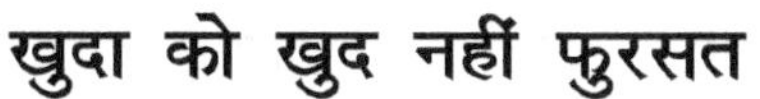

खुदा को खुद नहीं फुरसत, अरे सुन लो जहाँ वालों
बढ़ो आगे कसम ले लो, अपनी किस्मत बदल डालो
अरे आदम की औलादों, अरे शंकर के सब बच्चों
न हैवानों से लुट जाओं, अरे ईमान के सच्चों
लगा दो जान की बाजी, जुल्म का सिर कुचल डालो
बढ़ो आगे कसम---

कुचल दो हर अन्यायी को, तुम अपना हक है वो ले लो
न पीछे मुड़के तुम देखो, कदम आगे को ही ले लो
पड़ेगा गम को मिटना ही, इस तरह ये मेरे लालों
बढ़ो आगे कसम---

जमाने ने तुम्हें बदला, जमाना तुम बदल डालो
सब बदलेगा यकीनन ही, तुम अपने को बदल डालो
अपनी बिगड़ी अपने हाथों, अगर चाहो बना डालो
बढ़ो आगे कसम---

आते हैं खत

आते हैं खत प्रतिदिन मुझको
पापा साहस बाँधे रखना
खत पढ़कर कहा खुदा मेरे
अपना साहस उसको देना
आते हैं---

भ्रम टूट गया मेरा टूटा
लेकिन उसका न भ्रम टूटे
यह नामुराद तो लुट ही गया
उसकी मुराद न तू लूटे
मेरी छोड़ो कोई बात नहीं
लेकिन उसकी चिंता रखना
आते हैं---

आकाशदीप उस शिखा को मैं
भरपूर रोशनी दे न सका
तम का सीना विदीर्ण कर दे
उस जगह पे मैं पहुँचा न सका
इस टूटे दिल ने काम तुम्हें
सौंपा है, खुदा ख्याल रखना
आते हैं---

वह अमरबेल की लता मेरी
रहे हरी भरी बढ़ती ही रहे
अपनी मंजिल की ऊँचाई पर
पहुँच सदा हँसती ही रहे
लग जाये हमारी उमर उसे
यह मेरी दुआ उसे देना
आते हैं---